INSTANTE ABISAL

INSTANTE ABISAL

FERNANDO DÍAZ CID

Valparaíso
EDICIONES

Número 512 de la Colección VALPARAÍSO DE POESÍA
dirigida por FEDERICO DÍAZ-GRANADOS

Diseño de la colección: Chari Nogales
Maquetación: Ciclo Creativo
Imagen de portada: gremlin

Primera edición: diciembre de 2025

© De los poemas: Fernando Díaz Cid

© Valparaíso Ediciones
  C/ Fray Leopoldo, 7 bajo, 18014 Granada
  www.valparaisoediciones.es

  ISBN: 979-13-88007-11-8
  Depósito Legal: GR 1640-2025

  Impreso en España - *Printed in Spain*
  Gráficas Gami

INSTANTE ABISAL

PRÓLOGO

La voz de *Instante abisal* bordea el margen de los signos y se interna en un devenir existencial.

Son poemas de la encrucijada que alientan al lector a fluir hacia el asombro desde una actitud irreverente. Con sus versos, Díaz Cid, interfiere el sistema y nos exhorta a salir del orden predeterminado para habitar nuestras experiencias desde lo profundo.

Su poética es consciente de que todo instante es un vínculo, un eterno recomenzar que toca las fibras de la emoción al escuchar el llamado imperioso de un nuevo canto. Los versos se ven atravesados por la experiencia, las sensaciones y la sustancia en una continua tensión metafórica.

Con sus imágenes el poeta nos invita a habitar con pasión distintas entidades. Nos muestra las siluetas de un significado repleto de emociones y nos convoca a sumergirnos en una lectura impactante. Su poesía está en estado de alerta: lo desconvocado, lo disidente, lo ajeno y lo fuera de lugar son llamados para hacerse presentes en la disyuntiva.

Partitura textual que nos transporta al interior de nuestra profundidad conceptual y emotiva, donde el soporte no sólo es la palabra, sino el furor de la vida al enfrentarnos con lo atosigante de nuestra actualidad en una reflexión franca, emocional e inquietante.

Sus poemas se mueven en un tiempo vertical, como bien dice Bachelard. Miran el comienzo insondable; el retorno hacia nosotros mismos. Los periodos se dilatan y expanden, para vincularnos y alentarnos a disfrutar cada impacto versal en el abismo.

JOSÉ ANTONIO CIENO ALMENARA

El instante más fugaz también tiene su pasado
WISLAWA SZYMBORSKA

PREFACIO

Un poema no sólo se lee, se habita
JOSÉ ÁNGEL VALENTE

Voz de la búsqueda
del instante que fluye
en los efímeros asombros.

Pulsa fibras sensibles
desde auroras que estallan
ante el engaño de los guiños.

Reflejos de lo vacuo
y de un acertijo vivaz
en la pradera del barullo.

THAUMA

Con aromas de roble
escucho la tarde sereno.

El tiempo adormece y se agruma.

Del celeste penden hilos de lluvia
repiqueteantes y firmes.
Las nubes flotan sobre sus relegadas sombras.

El día sostiene a la noche
para que no descienda
con sus manos de boira.

Siento el trinar de los vencejos
y entre la luz redonda del crepúsculo
palpo lo que se esconde:

      Este paisaje desde sus veredas pulsantes
      No me mira.   Me ignora.

POLVO DE MIRADA

Aun cerrando los ojos, todo existe.
CIRCE MAIA

Desde una grieta en el espacio
hurgo en lo imaginal y diluyo sus embalses.

Llamo al acontecimiento del alba
para que alumbre a los murmullos
en el momento de su esbozo.
Miro una silueta de luz.

En la brisa de mi oleaje
escucho la voz enigmática
de la lechuza de Minerva.
Y canto a una frágil burbuja
desplazada hacia el brillo
de su resplandecer.

Con mis manos acaricio la sutil esfinge
y me desdibujo como polvo de mirada
en la corteza del océano.

IMPACIENTE

En cada parpadeo percibo tus angustias
entre lamentos que reclaman
la nulidad de tu palabra.

Te sabes breve
buscas reducir el fastidio de los destellos.
Olvidar el aroma
que emiten las flores heladas
y expeler el dolor con tu clemencia.

Viajas sin moverte entre los espacios
en esa idea por ser libre
fuera de esta prisión de sábanas y paredes.

Desconsolado
sobre almohadones mohínos
tu violenta mirada exige
un acto de bondad
        con tu eutanasia.

CONCILIO DE ESPUMAS

En el mismo instante en que enfrento
a un concilio de espumas

sepulto a la rutina
bajo los cienos de *Leteo*
y se embellece
la vereda de los exhaustos.

Lacero témpanos de esquirlas
y diluyo al ciclón con energía
entre el escombro.

Como navío osado
escucho en mi fragilidad
emblemas que se esfuman
ante la estoica
mirada de la cordillera.

CENTINELA SIN CAUTELA

Por la mañana soy un cronista
de ardides y de astucias.
Un loco cobijado con minucias
en búsqueda de una experiencia protagonista.

Un huésped que camina sin carruaje.
Un ausente repleto de presencias
quien dialoga en latencias
a veces   abrumado de coraje.

Soy quien toma con su puño el tallo de la rosa
en donde sangran las espinas.
Quien se arroja al paraíso fuera de sus ruinas
durante un periplo que no reposa.

Quien se halla cómodo en el borde
entre un mito de ortigas.
Quien desentona sus cantigas
como náufrago discorde.

GUARDAPASOS

En mi equipaje guardo las huellas habitadas
y archivo sus recuerdos.

Las escondo bajo manteles
con aromas de lluvia
entre destellos de su esquicio.

Su resonancia
rompe los límites con su vértigo en asombro.
Desgarra las miradas
y espera en las urdimbres
de un olvido inflexible.

Con su resguardo busco enaltecer el combate.

Y vierto entre la punta de mis dardos
algunas gotas de *petricor* como veneno
para desbaratar lo cotidiano
en la fugacidad que nos embala.

LA PAZ DE LAS SILUETAS

En un sueño de nubes
donde los símbolos se fugan
de las jerarquías del laberinto

observo a mi barcaza sondear
sobre la paz de las siluetas.
Me impulso con sus remos
cuando los cauces hablan en su aroma
y me transformo en Avellano
para tocar constelaciones
en un fragor de brillos
que se desvanecen entre las hojas.

En tanto, mi ánima arbórea
percibe la experiencia del vacío
en su brizna de tiempo.

FATUM

Llegaré con mi talego de olvidos
para adueñarme de un trozo de tierra
en la comarca de los crisantemos.

Escucharé rumores del misterio
en donde nadie portará su nombre
bajo el pesado mármol de las sombras.

DESEO VEHEMENTE

Sobre una tierra desigual
vuela mi pensamiento
con emoción entre callejas
y mira los doseles
estampados de otoño.

Con sus alas ingrávidas
navega hacia nuestra pasión sin bruma
a través de conflictos salpicados con mares.

Busca tu belleza en cualquier espacio.

Se embarca sobre inciertas horas
    donde tu beso se agota si miente
    donde tu beso sea gota simiente.

Conjetura que en su anhelo te crea
desde la pulsión de los manantiales
    de tu beldad sublime.

UTOPÍA

Desde el balcón de lo posible
observo un lapso donde habita
    un nuevo panorama.

    Los sonámbulos de cartón despiertan
    en la comarca del disgusto.

El mundo duerme más despacio.
La pasión no se cambia por monedas.
Las nereidas emergen
y se propagan sin engaños.

Una poderosa voluntad nace
con la mirada del sosiego.

La pasión me permite conjurar
el nacimiento de una espiga
    en el sendero páramo.

VISLUMBRE

Por la noche se encienden los vestigios.

La marea retrocede y desviste
los poros desnudos de nuestra imagen.

Una lluvia escapa de su secreto
y estrepitosamente desborda las fronteras.
        El cauce se arrodilla sin repliegues.

Las líneas sesgadas se fatigan
al intentar limitar su contorno.
El mutismo calla y blande la piel.

        Una silueta revela lo ausente
        en el claroscuro de su tejido
        mientras las hojas se hunden en el lago.

Breves instantes que mueven el alma
caen al abrevadero en reposo
y dejan una estela que me troza.

PERTINAZ

La mancha
del níspero de marzo
no ha desaparecido.
El detergente perdió la batalla.

El clamor de los vástagos
opaca al artilugio
y sintoniza los rizomas de lo perpetuo.

La belleza abraza su arrojo.
Fulgor de una esperanza
ante el inminente desgarro
de nuestros bordes.

Tres veces importuné las texturas.
Tres veces disfruté la derrota del esfuerzo.
Tres veces sucumbí a la beldad.

En el escampe
un espíritu pertinaz no ceja
frente a lo ajeno.

EL SILENCIO DE LA LUNA

Amanece la aurora y no tiene comentarios.

La distopía se atrinchera
en el otoño de los muelles yertos.
      Las olas fluyen
         entre la sangre en redes.

Mis lágrimas fraguan en la ribera.

Y entre mareas de la amnesia
un sendero de ancestros acaudala los ríos.

Las horas se extravían
en el sigilo
que adorna marejadas.

La luna calla.   Mi bahía grita.

Los náufragos claman por un recuerdo
en el lamento de su espuma.

Plenamar sin viento donde las velas
hieren a la membranza
          y aún ondean.

EL HALLAZGO

...el noble pensamiento
por verte viste plumas, pisa el viento!

LUIS DE GÓNGORA

Frente a un pálido atardecer de líneas cautas
los percibo a lo lejos.

Caminan en un ocaso de arenas.
Compenetrados con las arrugas de sus manos.

Andan despacio y dictan
un nuevo tiempo al universo
entre la arcilla irregular
de sus vivencias.

Y en ese instante me deslumbra
un gran hallazgo:
      La fuerza de su amor
      ilumina quimeras
      anula el arrebato del embrollo
      nos guía en los pasajes de la bruma
      y desamarra el hielo de los lagos.

SOLEDAD EN COMPAÑÍA

Desde una grieta humana
miro tu insolente reflejo
a quemarropa.

Intuyo cómo te escabulles
en la resequedad de los abrazos.
Y brotas, con toda tu incertidumbre,
ante el social reclamo.

Invoco tu presencia.
Interpreto tus fases
y me pregunto:
¿La soledad será completa
cuando me escape del insomnio?

Entre murmullos
escucho aquellas voces
en la reunión de las derrotas.

Una cicatriz te supura
desde el hueco   en sus labios.

ESTACIÓN 610

Parto de la estación de tu recuerdo
con mis alforjas llenas con delirios
sobre vías gozantes de añoranza.

Exploro las cabinas donde oculto
soledades, tropiezos y cansancio.

Mi trayecto se inicia en duermevela
desde el cauce empañado en los visores
de frente a los umbrales del barullo.

Se curvan las siluetas del paisaje
plasmado con parolas de vapor
sin lindes sometidos en memorias
parto de la estación de tu recuerdo.

ATRACCIÓN

Fue en aquel ciclo de trazos imberbes
cuando mis uñas rasgaron tapices
para buscarte entre tu rastro.

Mi deseo deslumbró con sentido
cualquier suspiro del momento
en cada gesto de sus fluidos.

Indeciso vagué
sobre la escarcha de tu linde
para hallarte y compartir tu fiereza.

Me sumergí bajo las olas
entre esferas de niebla
sin encontrarte.

Ahora continúo
cavando entre mis huellas.

Y me alegra no completar aún la conquista.

La tenacidad con su brío
nunca claudica me honra.

INDÓMITA HERMOSURA

Miro tu figura con gran arrecio
al recordar tu indómita hermosura
y mi voz se apasiona con ternura
cuando te rememora con aprecio.

Mi amor es el cauce de un río necio
donde fluye una pasión con locura
intensidad de entrega que perdura
vida plena de lapsos sin desprecio.

Un resuello se vierte entre tus huecos
descubro la guía de tus placeres
y hallo la urdimbre de tus recovecos.

Pasión entre nuestros anocheceres
donde habito tu piel con embelecos
y deambulo en tus labios   donde eres.

EN ESTA CIUDAD INMADURA

Invoca
a las luces que rompen modos.

Busca el espacio donde supuren tus ultrajes
para comprender la cuna del llanto
            entre paredes de hormigón.

Dialoga con los fulgores de fondo.

Eleva las expectativas
de aquellos brillos
que reflejan desde los rasgos
la fe de los insomnes.

Defiende con todas tus fibras
los ideales de tu esencia
            incluso   en el umbral de la partida.

FIORDOS DE HIELO

Ante un austro salino
mi deseo se difumina
en los fiordos de hielo de tus desdenes.

Escucho los crujidos de un naufragio
en nuestra nave que se luxa.

Los remos de sauce se desintegran
en el vacío errante
de las olas heridas.

Interpreto los astros
en una oscuridad engendradora
de signos peculiares
al aproximarse el confín.

A través de tu desapego
mis vallas se condensan
      con dolor   sin broquel
      en una agonía entre espumas.

DESADORMECER

Las cicatrices de ceniza
se elevan frente a tu desasosiego.

Fervor del arrebato.
Aurora bajo cauces.
Frenesí de la cordillera.

Un desierto verdece con tu fuego
en la búsqueda vaga
de tu clamor entre bambúes.

Sustentas al vencejo amante
con un pulso de arpegios
colgados en el aire.

Cuando retoñas
los entes desprovistos de toda aspiración
vuelven para asombrar con su descaro.

Irrumpes sin cautela.
Corazón curtido en ausencias.

CAÍDA

De alguna orilla me desprendo
en la lobreguez diviso un secreto
en el derrumbe.

Mi ser desciende a lo profundo.

No hay desgana, no hay agobio. Sólo entrega.

La lasitud se diluye en el eco
y sigo los pasos de la Espiral.

Llamo a la otredad desde su misterio
y me sumerjo con la voz que canta.

     Perdido
     entre el jadeo
     de las quimeras.

DESDE LA COMARCA

Fue en aquel espacio impuntual
cuando una sonrisa se escapó de los pantanos
descalza y con cautela.

Cuando la noche se escabulló en lo alboreo
a hurtadillas entre la brisa.
Donde encontré memorias que escapaban
bajo un légamo de jirones.

Fue en aquel sitio fuera de los plazos
cuando el destello de las ruinas
alumbró la silueta de tu bruma.

Cuando brotó la pizca de un recuerdo
y revivió el fluir de lo feliz
en el rumor de nuestra infancia.

PARTÍCULAS FUNDAMENTALES

El anhelo inicia en la mano
diminuta que se abre
con la esperanza
de vencer lo vacío.

Voz *gritante* en lo fútil.

Cuna del estremecimiento
en el cerner de los relámpagos.

Partículas fundamentales
que se corporizan en la borrasca
como gotas de clepsidra al irrumpir un plazo.

Manantial de tejidos
atenuantes de su sosiego.

Cántaro del ensueño donde incuba
el desafío a lo banal
en la imagen de un bello escorzo.

RESONANCIA

Escucho ese sonido
y se abre la ventana de los mundos.

> El breve resquicio de un eco
> me invita a buscar tu cadencia
> > en las praderas de satín.

Adentro se resquebrajan las horas.

Y es ahí, en el corto
esquema del hallazgo
cuando aparece la venda del miedo.

Ese temor acechante de no comprender:
> las armonías del silente
> la luz en los desechos
> lo trascendente de tu boca
> > las sutilezas de tu piel.

ANACRÓNICO

El tiempo me persigue
con manecillas que desangran
el pulso de mis actos.

La verdad se encorva   en el doblez de su reflejo.

Con sigilo escapo y entono lo turbio
donde el invocar muere
y la nostalgia se concreta.

Canto a los hechizos de mi pasado
sobre señales de humo de navíos ausentes.
Al anacrónico silencio
en la cornisa de mi voluntad.

Canto a las gotas que salpican
antes de sumergirse.

Y al callado sonido de las nubes.

HÁNDICAP

Mientras cabalgo
siento el fustigar de las riendas
con dura hebilla.

La muserola me hiere y me desdeña.

Quiero cambiar mi dirección
pero con fuerza
me guían a un lugar que no comprendo.

Añoro la libertad del trote en el terruño.
Reclamo con furia a los siete cierzos.

> Un latigazo me grita que calle
> que no piense, que corra
> hacia una meta ciega.

Mi felicidad se desangra por las espuelas.

Más tarde, a las seis en punto
el aullar de un cronómetro
dicta su malvada sanción:

> Mañana nuevamente en la oficina
> serás la misma marioneta.

EN LA CIUDAD DE LOS ECOS

Recostado en un cuento
descubro pistas sin destinatario:

Un puñal que oscila dentro del alma.
El crujir de una risca
en la memoria del sepulcro.

Un roce de balas entre los olmos.
La lata que se oxida
en la penumbra del atajo.

Un intenso aroma dentro del taxi.
El bramido de las heridas
en un desierto agonizante.

AMARGO BARRIO

En esta ciudad delirante
hay albas mancilladas por un rugir de motores.
Vacuos seres que esperan
bajo la ventana sin rostro
un cantar de nubes ilusas.
Letreros del olvido.
Imágenes de la penumbra
entre la lluvia.
Aceras con hartazgo.
Quicios heridos por el resquemor.

Hay combustible, sobacos y muecas.

Inútiles sazones en el ruido.
Complejos tinglados de la elusión.
Astringentes espejos.
Desventajas incólumes.
Enjambres del ardid.
      Abrazos superfluos en el patíbulo.

En este barrio amargo
hay migajas, perfumes de sangre y escalofríos.

DESAZÓN

Por la tarde la rabieta da un fiero golpazo
sobre el rígido mantel del banquete.
La vibración se amplía
hacia el espacio sin luceros.

Como efecto de las oscilaciones:
El postre se derrite
su veneno se filtra entre los neutros.
Un círculo se quiebra.
Sangra el vino con olor a carroña.
Los gestos desconfían del platillo.
La sazón escapa cabalgando en su amargura.
La mirada no encuentra las especias.
Los semblantes crepitan hacia adentro.

La esperanza huye.
El desayuno apesta
con sus recuerdos.

BALIDOS

Escucho tus palabras con fétidos aromas.

Se pliega mi prudencia
ante la lepra de tu aliento.

Veo la sombra de tus frases
que crean pústulas mezquinas
en sus pantanos.

En ellos permea una pestilente
resonancia bajo las grietas.
Se esparce en los espectros.

Con osadía lanzo tus promesas
hacia un mar desolado
para sumergir la infección
hasta el fondo de los embalses.

DESEQUILIBRIO

La vasija se desnuda en silencio
y entre residuos se pregunta:
¿Sólo es soportable lo ïncompleto?

Con avidez y aplomo
devela la tristura de su insignificancia
bajo un nubarrón de fulgores.

Clama por no existir
en un mundo de formas
donde se encierran los espacios.

Grita por su libertad sin cadenas de barro
y burla al equilibrio con sosiego.

  En su caída
  cincela el epitafio
  del último reposo.

DESDE UN NOVENO PISO

Es de noche bajo la luz
de una mañana.

Tu mirada se filtra a través de un vidrio opaco.

Te sabes ciego
para ver más allá
    de tus añicos.

Mientras el horizonte escapa
una migración de cuervos te grita
y con un salto vuelas
sin temor al misterio de tu muerte.

    Te nacen alas de humo
    que se escabullen entre la cordura.

Caes a lo profundo
de tus plañidos.

Estrepitosamente
con su vigor
la gravedad te arrostra
    en la traición del pavimento.

EL DELIRIO DE LOS HELECHOS

Ocultos entre las calzadas
con persistencia quiebran
las vorágines de la bulla
con su reposo.

Vierten al espacio sus estertores
desde el aroma del delirio
ante el crujir de lo distante.

Sin el escudo de los sueños
vociferan entre la angustia
y la certeza de nuestro extravío.

Pretenden escapar del maderamen
bajo el umbral oculto
de las farolas sin progreso.

Desde su raíz manan bucles de sufrimiento
que nos exigen entre las aceras.

EN EL HUERTO DEL OLVIDO

de la Castañeda
caen las hojas
por el aroma de una ausencia.

El rumor infinito de los árboles
no claudica ante el mutismo empozado.

Un clavel emerge entre el lodo
como dama de mis cenizas.

Desde la torre miro la espesura
y lanzo mis ojos por el borde de las nubes.

Percibo con otras sensaciones la desdicha.
Exploro la madeja deshojada
en mi silabario descalzo.

Escucho a la locura que me dicta
rayones entre ramas
y suspiro con aire duro
los estertores de mi mente.

SALAMANDRA

Una salamandra escala paredes
con la piel colmada de nublos.

Su trasiego expande el significado
        cuando se escucha una silueta
    romper algunas ramas.

El furor contenido de su vida
amplía los lugares.

Y en cada movimiento se percibe
un pulso de felicidad sutil
        en su ignorancia.

Ocupará su sitio cuando termine el tiempo.

TERAPIA

Gimes entre blancos muros
donde voces te reclaman
el espacio que proclaman
a pesar de los cianuros.
Tus bramidos son perjuros
insistentes al dolor
de un presente con temor
por un ente trastornado.
Taciturno ser no amado
entre agujas de estupor.

LA VISITA

Hoy vino a verme el que no fui
se mostró interrogante desde el reflejo gélido.

Busqué su desmemoria
pero interpuso sus censuras
entre lo umbrío.

Con su avidez en mano
desafió mis decisiones en la travesía
de nuestro ayer.

Frente al exhorto
di un paso atrás.

Nos desvanecimos en el azogue
de nuestras máscaras errantes.

GUARIDA

Después de la catarsis
me acuesto en la almohada
y me sumerjo entre sus pliegues.

Un hueco desea colmarse.

TRANCE EN OTOÑO

…y la horca negra muge cual órgano de hierro!
ARTHUR RIMBAUD

Divago en lo boscoso de mis traumas.

Un eucalipto sostiene mi soga
y escucho al tiempo sincronizarse con el eco:

    Que habla de amores sin partir
    en los muérdagos decrecidos.
    Que gime con voz ancestral
    desde la hojarasca inefable.
    Que susurra a los cuatro cosmos
    ante los virajes del péndulo.

Un fragor entre las hojas siente mi agonía
por el áspero ahogo
con estertores de membranza
en la noche final de mis murmullos.

ENTRE BALIZAS

En la vorágine de las memorias
mi piel se fragmenta con el tajo del desdeño.

Guardo la indiferencia
ante una espesura con desafectos
y boceto un olvido
a la medida de tu cuenco.

Soy un nómada sin derrotero
entre balizas.

Desde un litoral del ahínco
resisto el eco insoportable
de los andenes con arrullo
      cuando la rosa de papel
      claudica en las pavesas.

BREVE GESTO

El breve gesto de un pincel
abraza el bamboleo
de los médanos tras la duna.

Se deleita en su trasvase ante el lienzo.

Los pigmentos gritan desde la urdimbre.
El quejido   manifiesta el color
de una borrasca entre suturas.
¡Estalla la materia!

Lo carmíneo se entrelaza
con los rastrojos del enigma.
        El instante abisal se aferra
            en un sollozo entre sus tramas.

UN CLARO DEL BOSQUE

Soltaré a mi sombra para que deambule
en los rincones del camino
y enfrente a los arcanos en el musgo.

Con su mirada esquiva
me impactaré cuando las hojas vibren
en la foresta del invierno.

Elevaré mi espíritu
con el azar de los encuentros
en un claro del bosque
donde la luz se curva y se dispersa.

Tocaré las brasas del asombro con su piel.

Entre cedros   estiraré sus pliegues
para que la razón y el sentimiento
fluyan con el rizoma irregular

y al distenderse
nos encontremos en el sigilo de la búsqueda
entre sus miedos y los míos.

DESTIERRO

Bajo tu pisadura
percibes un cascabel de hojas.

El sonido te transporta a otros ciclos
cuando lo esencial se labraba
con la savia pringosa de los tallos.

Donde la ventisca te cubrió con sus azares
y las lenguas de bruma hablaron con tus recuerdos.
Donde la imagen fue un reflejo
de eclipses hiperbóreos en fuga.
Donde el vapor de la membranza tocaba nubes
y te fundía en las comarcas
            lejos de la zozobra.

Añoras aquella tierra que gime
y renuevas la voz de la pradera
en soledumbre
desde la distancia   en el exilio de tus lazos.

CAMALEÓN

Te desplazas paso a paso con afán umbrío
y te confundes entre los paisajes de esbozos.

Exploras el aroma de lo incierto
al esquivar los nimbos de tu piel.

Caminas con sospecha ocultando tu secreto.
Mimético dragón
que desapegado te mueves
fuera de los rasgos del aire.

Portavoz de lo oculto
creas mundos al escarbar cortezas
donde brota el caudal
que abre un horizonte a la vida.

Deambulas con recato entre el cielo y la tierra.
Tardío mensajero
de la fortuna.

MISIVAS DEL SUEÑO

Entre los pliegues del mantel
se bifurca la travesía
en el ascenso.

Una mirada firme hacia el vacío
anuncia un farragoso navegar
sobre las tintas del vigía ciego.

Desde el timón
esquiva los espectros
        y confiado atiende el llamado
        de un eco colmado de ruinas.

Ahí, aparece lo ignoto en calma
para advertir un nuevo proyectar
de las ninfas del sueño.

QUIMERA DADAÍSTA

poema dadaísta realizado
con las instrucciones de Tristan Tzara.

Gallardo espacio del universo
contingencia en la costa
      inspira las historias
      semana de aderezos.

grupos desde un mundo sensible
con valores de polvo
ahora al solicitar una historia
mañana al detectar recubrimientos
de voz   de fieltro

en proyectos de una ciudad
para recrear lo olvidable
no perdura lo nuevo
se incendia el apoyo en la Imagen.

¿Cuándo se despierta el horizonte más cremoso?
el mismo futuro lo sustituye
importante atentado de momentos
alacena marchita de semana.

fue entre los rincones de cielo
entre miradas
de esencial experiencia.

público, eternidad, simulación
sargazo para transformar
    brillará la pérdida un día.

contra buscando   resiliencia.

ODA AL GRIFO

Desde los montes hiperbóreos
se escucha tu rugir
con un temblor de tierras.

Los elementos se someten
ante el batir de tus alas con fuerza.

Corcel de Apolo
leo aquilino protector de las virtudes
guardián de los tesoros.

Tu vuelo se eleva sobre la imaginación
y nos muestra un espíritu mayor
a los grilletes
que lo reprimen.

Monarca celeste y majestad en las praderas.

Felino alado
tu brío se equipara
a los tifones.

Desde una madriguera de oro
dispensas el brillo que nos derrumba.
Tu calor de efluvios emerge
y disipa la avaricia en los templos.

Ave-Sol que castiga lo arrogante
sin piedad por el Inframundo.

Centinela en el viaje de las almas.

JADE

En el modelo ritual de las eras
la naturaleza se sublima en lo perpetuo
el cambio se suprime
desde un pasado
donde emana el presente
en un destello hermético a los cambios.

La paradoja se disuelve bajo el océano
en la siesta de su oleaje.

Sitio primordial que anhela su ayer.
Fluir inmóvil de una intemporal analogía
en proceso de mortalidad ineludible.

Ciclos del retorno sin transcurrir
de la concordia natural
en un reverdecer de jade.

LA HOGAZA

En la reunión de los vencidos
la pequeña tarea de rebanar el pan
te transporta a otras lumbres.

Tomas un cuchillo sin gestos
y en su ataque sublime
la voz cercena el tiempo.

Su incisión derrama migajas
con olores de tierra
que se dispersan al emigrar hacia la mesa.

Y en ese breve cosmos
no hay nada frente a ti
sólo el aliento de la hogaza con sus fragores.

Tu memoria elude cercados y te recuerdas
en una casa arrodillada
por la hambruna en tu guerra.

VIEJO DICCIONARIO

Me refugio en la antigua habitación.

Llega la tarde
navego sobre libros polvorientos.

En plena búsqueda
encuentro un diccionario
    se deshoja en mis manos.

El ánimo de su cubierta cae
por las heridas engendradas
en sus ayeres.

Sus signos yacen liosos.

Las palabras se enfrentan a su invierno.

Entre sus guardas
respira con nostalgia al saberse más vetusto.

    En silencio se escucha
    su palpitar desafinado...

FARO DEL ENIGMA

Con su primera centella la boira enmudece
y aparecen objetos *al servicio del sol.*
Se propaga la lumbre en la silueta del viento
de un cómplice indicio con astros que se diluyen.

Cuando aún murmura la aurora entre sus brebajes
una mirada nombra al símbolo atronador
entre adoquines pardos de un camino infinito
y se transforma la apariencia en realidad.

En un mar simultáneo flota la palabra
de un futuro que oscila como péndulo nuevo
entre bosquejos de un océano con balizas.

El llanto del faro se escucha en el precipicio
su estruendo se denigra ante el baile del sigilo
y el tacto de unas manos se esfuma en el enigma.

LAS HUELLAS DEL DUENDE

Galopa un espíritu entre las letras
con pasión salta el fango
y cae en el murmullo
de tu mirar absorto.

Perenne luz que orienta a los confusos
donde la herida abrasa en el camino.

POIESIS

La poesía no se quebranta
ante las horas más absurdas
JOSÉ ANTONIO FORZÁN

Murmullo entretejido de palabras
en búsqueda de aquel hallazgo incierto
en tensión continua de emociones y sentidos.

Donde el fluir aprehende la misiva
y propaga en su paladeo nuestros instantes
en un gemir de letras con furor.

Portal de lo silente
que nos exhorta
a trasegar hacia lo arcano
y nos habita como intruso.

Caballo de Troya que irrumpe cauces
y quiebra calabozos con quimeras.

Bullicio de fragancias en la sombra
donde la paradoja tiembla y late.

CÁNTICO A GÓNGORA

Lúgubre espíritu
respóndele
con esa métrica
de números ingrávidos
a lo indómito en lo poético.
Como aquel cúmulo de anémonas
en lo último del océano.

Vuélvete ávido
fuera de márgenes
con tu ímpetu cóncavo
en un círculo de némesis y de versículos.

Ofreciéndose entre los mármoles
tu párrafo bélico, nunca tímido
a Perséfone en las coníferas.

Tu crónica es un bálsamo
en este ámbito ridículo
de lo mecánico y lo múltiple.

Cuéntamelo desde lo mísero
con el mérito vándalo
de una pérdida casi ilícita
de lo más íntimo del náufrago.

Síntoma célebre
de tus espléndidos
léxicos con metáforas
entre las lágrimas de Ícaro.

Donde tus cánticos
con el ánimo áspero
son relámpagos tórridos
bajo las sílabas del álamo.

VIGÍA

Miras la galería de los astros que flotan
y te confiesas ante sus destellos.

Te sabes frágil colmado de brumas.

Vacilante por los vientos de arena
donde nace una lágrima
que alude a tu sentencia en un susurro.

Escuchas los embustes en la bóveda
mientras explotan
y diriges tus huellas fuera del laberinto.

Renaces.

Bajas la mirada y recuerdas:
Tu pertenencia a los capullos
a los arrecifes, al eco
a la campiña.

Azorado vigía de la tierra.

INDOMABLE

Prefiere caminar en herbazales
con garras que producen deterioro
símbolo de coraje sin decoro
con fiereza ataca a los desleales.

Entidad de talentos colosales.
Amaga con su rugido sonoro
el miedo invade las praderas de oro.
Estandarte de guerreros reales.

Su mirada amedrenta al enemigo
los cielos se estremecen a su paso.
Fornida especie con temple honorable.

Defiende a su manada sin fracaso
nadie escapa de su letal castigo.
Ser temido de espíritu indomable.

EN LA ESCOLLERA

Hay una vaga brisa.
Pero mi alma está con lo que veo menos
FERNANDO PESSOA

miro al faro
esbozar el vaivén
de los *negros espejos*.

Un astro refleja su noche
y en cada culmen con textura
se atisba el sigilo de las estrellas
que mis ojos ansían.

Una lágrima de duelo me anuncia
que lo incierto reclama su lugar
sobre los paisajes de vaho.

Escucho murmullos azules.

Percibo estelas en un aleteo
difuso de las ánimas.

Sus clamores son brisa desde nuestros misterios.

ACERCANZA

A pesar del bullicio
el canto de mis ancestros se escucha
en la foresta con espinas.

El humo de los ciclos encuentra mi bosquejo
        al escribir con huellas de su niebla.

Las flores nacen desde las raíces
y vierten su polen en un cúmulo de cierzos.

La casa imaginaria se presenta
entre los terruños sin bordes.

        Y convoca al soplo de las influencias
        para volar junto a mi anhelo.

EL DUELO

Con un golpe de guante me rebelo
y encaro al Luto
    sin tenues tintas
    ni marcas de agua.

Lo enfrento con osadía y alabardas
en ese crepitar del desafío
sobre la superficie pedregosa del ansia.

Abro la puerta de los riesgos
me sitúo en la calzada sin curva
camino nueve pasos nueve
y disparo hazañas de fuego.

                Más tarde escucho las heridas.

Aún maltrecho
miro de frente la tristura
y con un destello del alba
diluyo la fuerza de sus embistes.

PRESAGIOS

Cuando la voz de Calíope llegue
y una urdimbre interfiera
con su fulgor centelleante
bajo los mausoleos.
    Estaré ahí con mi espíritu.

Cuando dialoguen las espumas
con el discontinuo líquido de la clepsidra
en la pavesa de tus labios
y se oculten entre la niebla.
    Estaré ahí con mi luz.

Cuando resista el sauce la borrasca
desde el cieno de sus raíces
con la pulsión de tus aromas
en profundos embrollos.
    Estaré ahí con mi nombre.

Cuando el ámbito se despeñe
hacia el sonido de sus grietas
entre sueños de una roca que se difumina
en una manada de nubes.
    Estaré ahí con mi cuerpo.

VOZ DE LA RESISTENCIA

Aúlla la montaña con dolor de universo
VICENTE HUIDOBRO

En estos tiempos
un par de lágrimas de fuego
recorren mis pupilas
cuando pasea la banalidad
sobre rojas alfombras.

La fetidez de su retórica
diluye los senderos
y los rizomas se corrompen.

Sus cavidades
decoran Galerías
en los reinos de la basura.

Inmerso en esta trampa de vacíos
convoco al verso en rebeldía
con el cantar de los nenúfares
para demoler lo trivial.

Emplazo al mar con vitalismo
en la sonrisa de sus crestas.

Y en compañía del misterio
me sublimo con sus aullidos.

En la cima del instante
me dije: "Ya soy eterno
en la plenitud del tiempo"
Y el instante se caía
en otro tiempo, abismo sin tiempo.

OCTAVIO PAZ

ÍNDICE